AF451869

MADAME DUGAZON

COMÉDIE

Représentée pour la première fois, à Paris, sur le théâtre de l'Odéon,
au mois de novembre 1877.

A

MONSIEUR DUQUESNEL

E. A.

IMPRIMERIE GÉNÉRALE DE CHATILLON-SUR-SEINE, JEANNE ROBERT.

MADAME DUGAZON

COMÉDIE

EN UN ACTE EN VERS

PAR

M. EUGÈNE ADENIS

PARIS

TRESSE, ÉDITEUR

GALERIE DU THÉATRE-FRANÇAIS

AU PALAIS-ROYAL

MDCCCLXXVII

Tous droits réservés

PERSONNAGES

GOURGAUD-DUGAZON, artiste de la Comé-
die-Française............................ MM. François.
GOURGAUD, ancien marin, oncle de Dugazon.   Tousé.
MADAME DUGAZON, artiste de la Comédie-
Italienne........ ....·............ Mmes. Chartier.
HENRIETTE DE PRIE, amie des Dugazon..   Fassy.
FLORINE, femme de chambre.............   Alice Brunet.

En 1776.

MADAME DUGAZON

Un salon chez Dugazon. — Porte au fond. — Portes latérales. — Une table à droite. — Fauteuils, chaises, etc.

SCÈNE PREMIÈRE

DUGAZON, MADAME DUGAZON.

Dugazon est assis à droite près de la table. Madame Dugazon, debout à gauche, une brochure à la main, se dispose à répéter son rôle.

DUGAZON.

Ah ! vous allez jouer demain soir à la cour ?
Le rôle de ?...

MADAME DUGAZON.

Nina, la folle par amour.

DUGAZON.

J'écoute...

MADAME DUGAZON.

Scène six. Nina, seule...
(Lisant.) Elle entre, un bouquet à la main, sa démarche est

inégale. Elle s'arrête, elle soupire et va s'asseoir. (Jouant.)
« Voici l'heure où il doit venir... Il viendra aujourd'hui...
ce soir... »

DUGAZON, l'interrompant.

Oh ! non, halte !
Quelle monotonie ! Il faut qu'elle s'exalte
Un peu...
Reprenant.
Il viendra... aujourd'hui... ce soir...
Comprenez-vous... voyons... recommencez...

MADAME DUGAZON.

Jouant.
Il viendra... aujourd'hui... ce soir... »

DUGAZON.

Trop... vous vous exaltez beaucoup trop...

MADAME DUGAZON.

« Aujourd'hui... ce soir... »

DUGAZON.

Pas assez !

MADAME DUGAZON, jetant la brochure sur la table.

Hé ! vous n'êtes jamais content !

DUGAZON, froidement.

C'est que peut-être
Vous ne m'avez jamais donné sujet de l'être.

MADAME DUGAZON.

C'est que j'ai sottement fait de vous choisir, vous,
Pour maître à déclamer : vous êtes mon époux,
Ça faisait double emploi.

DUGAZON.

Bon ! une impertinence,
Et c'est toujours ainsi que la leçon commence.
A la première, à la moindre observation
Qu'on fait, elle répond par l'indignation.
Oui, parce qu'elle chante et qu'à la comédie
Italienne, sa voix est souvent applaudie,
Madame en a conclu, je ne sais pas pourquoi,
Qu'elle devait jouer un rôle mieux que moi.

MADAME DUGAZON.

Voilà votre éternelle et sotte rapsodie
Qui revient ! Parce que la grande comédie
Française a cet insigne honneur de vous avoir
Parmi ses membres, vous prétendez tout savoir.
Votre orgueil est plus fou que l'on ne saurait dire,
Vous croyez m'imposer et vous me faites rire.

DUGAZON, vexé.

Mais je n'étourdis pas les gens, moi !

MADAME DUGAZON.

Pas assez !

DUGAZON.

Madame Dugazon ?

MADAME DUGAZON.

Monsieur...

DUGAZON.

Vous m'agacez !

MADAME DUGAZON.

Povero !

DUGAZON.

Vous prenez trop l'esprit de vos rôles.

MADAME DUGAZON.

Vous ne prenez l'esprit de personne.

DUGAZON.

                   Les drôles
Qu'enchante votre ton impertinent et faux
Savent bien ce qu'ils font en flattant vos défauts,
Mais de Georges Dandin le triste personnage
Sied mal, même au théâtre, à mes goûts, à mon âge,
Je ne l'ai jamais pris : à plus forte raison,
Vous n'allez pas me le donner dans ma maison !

MADAME DUGAZON.

Qu'entendez-vous par là ?

DUGAZON.

                 Que vous êtes coquette
Et que vous visez trop à faire la conquête
De ces godelureaux musqués, poudrés, tirés
A quatre épingles, qui, tous les soirs, attirés
Par nos actrices, vont au foyer des théâtres
Promener leurs façons niaisement folâtres !

MADAME DUGAZON.

Vraiment, il vous sied bien de faire le jaloux,
Vous qui n'avez jamais de regards assez doux,
De mots assez piquants ni d'assez fin sourire
Pour ces dames. On est aussi venu m'en dire
Sur votre compte, mon petit maitre, et je sais
Quels sont tous vos loisirs au foyer des Français !
Je sais que votre humeur galante s'y comporte
Très-vaillamment...

DUGAZON, éclatant,

Il faut que l'un de nous deux sorte !

MADAME DUGAZON.

Oh ! je vous céderai la place volontiers.
Je saurai bien trouver, dans un des beaux quartiers
De la ville, un seigneur galant et charitable
Qui m'offre de bon cœur, le logement, la table...
Et le reste, — allez même, avec ces yeux, je crois
Que je pourrais n'avoir que l'embarras du choix !...

DUGAZON.

Quel coup d'œil effronté ! quel genre ! Quel langage !
Comme son vœu secret nettement se dégage !

    Avec force.

Ta vertu se morfond sous le toit conjugal,
Eh bien, déserte, va, pars, ça m'est bien égal.

MADAME DUGAZON.

Mais dis donc franchement que tu voudrais me mettre
A la porte, impudent, afin de te permettre
Tes plaisirs scandaleux en toute liberté !

DUGAZON.

Si tu le prends ainsi, va-t'en de ton côté,
J'irai du mien.

MADAME DUGAZON.

      Ah ! oui, tout de bon, tu me chasses,
Tu t'en repentiras !

DUGAZON.

      Va, va, quoi que tu fasses,
Il ne peut m'arriver rien de pis, sur ma foi,
Que de garder céans un démon tel que toi !

MADAME DUGAZON.

Tu t'en repentiras !

DUGAZON.

       Pourquoi t'ai-je connue ?
C'est qu'à la scène tu fais si bien l'ingénue,
Je me suis laissé prendre et sottement duper ;
Mais je vois qu'au logis tu sais te rattraper !

MADAME DUGAZON.

Tu vois trop tard !

DUGAZON.

       Je vais écrire une demande
En séparation de corps !

MADAME DUGAZON.

       Fais-la bien grande.

DUGAZON.

Et sur-le-champ, de peur d'une hésitation !
Car on peut revenir sur sa décision,
C'est à recommencer.

MADAME DUGAZON.

       Tandis que l'on évite
De se brouiller encor en terminant bien vite.

DUGAZON.

Certes ! — Jamais époux, désireux de s'aider,
N'ont mis autant d'accord à ne pas s'accorder !

MADAME DUGAZON.

Adieu !

DUGAZON.

       Bonsoir ! bonsoir !

Elle sort à gauche.

SCÈNE II

DUGAZON, seul.

La peste soit des femmes !
Monsieur de Beaumarchais a raison. Quelles âmes
Décevantes et quels petits esprits, mon Dieu !
Hein ! m'a-t-elle jeté sèchement cet adieu !
Le ciel en soit loué : la voilà donc sortie !
Elle regrettera son étrange sortie,
Mais qu'elle vienne ici déplorer son erreur,
Porte close... Voyons...

Il s'assied près de la table et se met en devoir d'écrire.

« Monsieur le procureur... »

S'interrompant.

Finissons-en avec elle une fois pour toutes,
Un procès bien instruit lèvera tous ses doutes,
« Monsieur le procureur... »

Même jeu.

Me faire la leçon
A moi ! me gourmander et de quelle façon !

Avec complaisance.

C'est vrai que j'aime assez à chiffonner ces dames,
Qu'il m'arrive souvent de jouer quelques gammes
Sur un bras arrondi. Mais, même sans témoins,
Je n'ai jamais passé cette limite, à moins
Qu'on n'exigeât...

Vivement.

« Monsieur le procureur... » Coquine !
A quoi sert une femme !!! Ah ! fou qui s'acoquine

Pour l'existence à l'un de ces animaux-là !
Maudit soit le hasard qui, moi, m'ensorcela !

Il se lève.

Ce n'est que dans un cas par bonheur impossible
Qu'à ce brusque départ j'aurais été sensible :
J'ai pour oncle un marin, d'un caractère entier,
Un oncle très-moral dont je suis l'héritier :
Je tiens à conserver ce titre ; il serait raide
Pour moi l'oncle Gourgaud s'il savait que je plaide
En séparation, car il m'a fortement
Tancé pour le fatal et sot entêtement
Que j'ai mis à vouloir épouser une actrice.
Le bonhomme a tout fait pour que je m'en guérisse
Et s'il savait... mais il n'en saura pas si long —
L'oncle Gourgaud est aux environs de Toulon
Retenu dans son lit par des accès de goutte
Qui l'empêcheraient fort d'entreprendre la route. —
Je suis tranquille. A quel endroit suis-je resté
De ma demande?...

S'asseyant.

Rien de fait ! en vérité,
Je me croyais au bout. Il est temps de m'y mettre.
« Monsieur le procureur... »

SCÈNE III

DUGAZON, FLORINE.

FLORINE, entrant.

Monsieur ?...

SCÈNE TROISIÈME

DUGAZON.

Hein ?

FLORINE.

Une lettre.

DUGAZON, prend la lettre machinalement. — A Florine.

Ah ! ta maîtresse part, Florine !

FLORINE.

Tout à fait ?

DUGAZON.

Oui ! nous sommes brouillés !

FLORINE.

C'est affreux !

DUGAZON.

C'est parfait !
Tu restes avec moi : je t'augmente...

Ricanant.

Tu pleures,
Quand je t'augmente, ah ! — Mais, nous avons à deux heures
Comité de lecture au fait : il faut tâcher
De ne pas oublier pour si peu... Va sécher
Tes larmes et descends... Quel habit vais-je mettre ?...
Descends-moi mon habit marron...

Florine sort.

Voyons la lettre :
Le timbre de Toulon. Oh ! c'est évidemment
Mon oncle...

D'un ton posé.

Ceci, diable ! est-ce son testament ?

Il ouvre la lettre et lit. « Mon   neveu. Voilà deux ans que

je réfléchis au mariage que tu as fait sans mon consentement.
J'ai conclu qu'après tout, tu avais eu raison de rester dans le
sentier de la morale. Il valait mieux, même au théâtre, prendre
une épouse légitime qu'une illégitime ! Je me décide donc à
venir embrasser ma nièce. Préparez-vous à me recevoir. Sa-
lut amical... »
Ah ! très-bien !

Se ravisant.

Non, très-mal. Oh ! la mauvaise chance!
Comment ! il va venir faire la connaissance
De ma femme !... où la prendre !... Il paraît qu'il n'a pas
La goutte et qu'il trottine encor d'un très-bon pas !
Pour le coup me voilà déshérité !... mais dame
Qu'imaginer ?... Maudit oncle ! maudite femme !
L'un vient, l'autre s'en va ! morbleu !

FLORINE.

Monsieur, voici
Votre habit marron.

DUGAZON.

Bien, aide-moi. Là, merci.
Arrêtant Florine.
Tiens, mais, attends un peu, regarde-moi, la mine
N'est pas mal.

FLORINE.

Pourquoi donc est-ce qu'il m'examine
Ainsi ?

DUGAZON.

Tourne-toi, bien, Euréka !... j'ai trouvé!
La révérence?

Florine fait la révérence.

Bon ! parfait, je suis sauvé !
Ma femme, la voilà. Tu vas avec adresse
Remplacer pour huit jours ma femme, ta maîtresse.

FLORINE, avec malice.

La remplacer en tout ?

DUCAZON.

En tout. Ah ! non, mais non,
Tu ne seras ici madame que de nom.
Va mettre une de ses robes, marche, étudie
Ses façons comme pour jouer la comédie,
Puis, mon oncle arrivé, vite tu deseendras
Te jeter, le sourire aux lèvres, dans ses bras,
En l'appelant : « Mon cher oncle... »

FLORINE.

Oui. Ma mémoire
Est sûre. Vous verrez... Ah ! ah ! la bonne histoire !

Elle sort en riant.

SCÈNE IV

DUGAZON, puis HENRIETTE.

DUGAZON.

Allons, je peux courir, l'âme en paix, au-devant
De lui.

Au moment de sortir, il s'arrête en voyant entrer Henriette.

Tiens !

HENRIETTE.

Toujours plus rapide que le vent,

C'est de vous qu'on a dit que vous brûliez les planches.
Bonjour.

DUGAZON, lui baisant la main.

Que veut ma reine aux divines mains blanches ?

HENRIETTE, s'asseyant.

Vous apprendre, vous seul sans doute l'ignorez,
Le bruit qui court. On dit que vous vous séparez
De votre femme ?

DUGAZON.

Quoi ? se peut-il ? la nouvelle
En circule déjà ?

HENRIETTE, se levant.

C'est donc vrai ?... je rêve... elle,
Songer à vous quitter, vous la laisser partir !
Et d'un commun accord vous pouvez consentir !

DUGAZON, d'un ton dégagé.

Mais oui.

HENRIETTE.

Mais c'est briser toute votre existence.

DUGAZON, de même.

Mais non.

HENRIETTE.

Non ?... L'on croirait le fait sans importance
A voir avec quel air calme et presque riant
Vous annoncez cela.

DUGAZON.

Dame ! à vous parler franc,

Je ne vois pas en quoi la chose est lamentable.
Madame Dugazon était insupportable :
Bon voyage.

HENRIETTE, scandalisée.

Mais c'est qu'il en est tout joyeux !

DUGAZON.

Joyeux ? non, enchanté !

HENRIETTE.

Vraiment ! de mieux en mieux.
Et vos parents, et vos amis, que vont-ils dire ?

DUGAZON.

Ils peuvent me jeter la pierre et me maudire,
Je m'en moque... Ah ! pourtant, je dois en excepter
Mon oncle. Oui, tenez, j'ai failli regretter
Ma femme.

HENRIETTE.

Ah ! vous voyez !...

DUGAZON.

Attendez-donc ; j'espère
Avoir paré le coup : le frère de mon père
Monsieur Gourgaud, mon oncle, un vieux marin, accourt,
— Il aura fait exprès de prendre le plus court —
Se jeter aujourd'hui dans les bras de sa nièce.

HENRIETTE.

A merveille !

DUGAZON.

Attendez, je lui joue une pièce
De ma façon. Il faut, pour ne pas l'irriter,

— Vous devinez d'ailleurs que j'en dois hériter, —
Il faut improviser la nièce.

HENRIETTE, haussant les épaules.

Etes-vous drôle !

DUGAZON.

Et Florine est en train d'étudier son rôle !...

HENRIETTE.

Florine ?...

DUGAZON.

Non, non pas, madame Dugazon.

HENRIETTE.

Y pensez-vous ? Florine aura-t-elle le ton,
Les manières, le goût, l'esprit et le langage
Qui conviennent à son emploi ? Je vous engage
A vous féliciter de votre invention.
Votre oncle comprendra la substitution.

DUGAZON.

Vous croyez ?

HENRIETTE.

J'en suis sûre.

DUGAZON.

Ah ! diable ! mais, ma chère,
Vous m'effrayez beaucoup.

HENRIETTE.

Dame ! je vous éclaire.

DUGAZON.

Trop bonne en vérité. Voyez le beau rayon
D'espérance !

HENRIETTE.

Mon cher, vous êtes un brouillon !

DUGAZON, sans l'entendre.

Oui, mais c'est qu'il sera plus furieux encore
S'il voit clair dans mon jeu, s'il sent que je lui dore
La pilule. Il est homme à ne pas l'avaler.

HENRIETTE.

Réconciliez-vous...

DUGAZON.

Jamais... à détaler
Sans retard, me laissant hélas ! pour tout potage
Sa malédiction en guise d'héritage.

HENRIETTE.

Mauvais époux ! mauvais ami ! Fi !

DUGAZON.

Permettez :
Au lieu d'énumérer mes belles qualités,
Ne feriez-vous pas mieux de chercher un remède...

HENRIETTE.

Eh ! ne suis-je pas là pour vous venir en aide !
Pour réparer le mal...

DUGAZON.

Vous voulez ?... charmant ! vous ?...
Madame Dugazon ! charmant ! charmant !

HENRIETTE.

                              Tout doux,
De nom, rien que de nom seulement.

DUGAZON.

                        En aucune
Façon, ma toute belle, et je n'en connais qu'une !
Florine, je comprends... mais vous, c'est différent.

HENRIETTE.

Oh ! s'il en est ainsi, je renonce à mon rang.
C'est trop cher.

DUGAZON.

            Eh bien, point de mésintelligence,
Je renonce à mes droits. Restez. La diligence
Doit être là, j'y cours, je reçois le barbon,
Je ne le quitte plus d'une minute.

HENRIETTE, riant.

            Bon !

DUGAZON.

Je l'amène et pendant que, lui, vous examine,
Je vous laisse un instant pour avertir Florine,
Que n'étant plus ma femme, elle n'a pas besoin
De venir et que vous vous chargez de ce soin.

HENRIETTE.

Parfait !

DUGAZON.

A tout à l'heure !

                              Il sort à droite.

SCÈNE V

HENRIETTE, puis GOURGAUD.

HENRIETTE.

Envolé ! tête folle !
Ah çà ! comment ! ils sont séparés ! ma parole
Je m'y perds !... ils s'aimaient cependant. Tout Paris
Va jaser... Quel que soit le motif, les maris
Soutiendront Dugazon, les femmes, sa fidèle
Epouse !... eux qu'on citait comme un couple modèle
D'artistes et que pour la rareté du fait
On eut canonisés d'un accord si parfait !

GOURGAUD, entrant . Il a les mains embarrassées, ses bagages, son
parapluie, etc.

C'est moi !

HENRIETTE, à elle-même.

Seul !

GOURGAUD.

Le dernier oncle de la famille !

HENRIETTE, l'embrassant.

Mon cher oncle !

GOURGAUD.

Ah ! ma nièce ! eh ! eh ! elle est gentille !
Demi-tour ! En avant ! Dugazon a bon goût.

HENRIETTE, troublée.

Mon oncle... asseyez-vous... ne restez pas debout...
Donnez...

GOURGAUD.

Prends...

Elle le débarrasse.

HENRIETTE.

Etes-vous satisfait du voyage?

GOURGAUD.

Assez, et faites-vous tous les deux bon ménage ?

HENRIETTE.

Excellent !... Vous n'avez pas vu votre neveu ?

GOURGAUD.

Non.

HENRIETTE, à elle-même.

Ils se sont croisés, et Florine?... ah ! mon Dieu !

SCÈNE VI

LES MÊMES, FLORINE.

FLORINE, affublée de travers. Elle marche gauchement et semble très-
gênée dans sa robe longue.

Mon cher oncle !

Elle se jette dans les bras de Gourgaud.

GOURGAUD, stupéfait.

Hein ! ah çà ! qu'est-ce que signifie ?...
L'examinant.

De quelle mascarade est-elle donc sortie
Celle-là ?

HENRIETTE.

Patatras !

SCÈNE VII

Les Mêmes, MADAME DUGAZON.

MADAME DUGAZON, entrant par le fond.

Mon cher oncle !

GOURGAUD, furieux.

Halte-là !
Mille sabords ! va-t-on m'expliquer ce mystère ?

SCÈNE VIII

Les Mêmes, DUGAZON, entrant par la droite.

DUGAZON.

Ah ! mon cher oncle !

GOURGAUD.

Assez, brigand, veux-tu te taire,
Et me donner ici sans phrases ni détour
Une explication de ce singulier tour !

DUGAZON.

Mon oncle...

GOURGAUD.

Je ne suis plus votre oncle ! trois femmes !
Trois nièces ! Quelles sont, monsieur, ces mœurs infâmes ?

DUGAZON.

Ciel ! je comprends !

GOURGAUD, continuant, se croisant les bras et dans une attitude tragique.

Les mœurs de théâtre, est-ce vrai ?
Et vous croyez qu'à mon âge je vous suivrai
Sur ce terrain fangeux où l'impudeur se vautre ?
Serviteur !

DUGAZON.

Deux mots ?...

GOURGAUD.

Ouais ! bonsoir, je suis le vôtre,
Mon neveu...

DUGAZON.

Mais, mon oncle, attendez un moment.

GOURGAUD.

Non, monsieur...

DUGAZON.

Mon bon oncle...

GOURGAUD

Arrière, musulman !

DUGAZON.

Mais je n'ai qu'une femme, une seule.

GOURGAUD.

Laquelle ?

FLORINE.

C'est moi !

HENRIETTE.

C'est moi !

MADAME DUGAZON.

C'est moi !

GOURGAUD.

Voyez cette séquelle

Du diable!... Mon bagage ?

DUGAZON.

Hélas !

GOURGAUD.

Cris superflus !

Je ne veux pas rester un seul instant de plus
Dans ce foyer malsain de lucre et de débauche !
Monsieur, je ne suis pas oncle de la main gauche.

Il prend son bagage, Dugazon le lui reprend. Lutte.

DUGAZON.

Vous ne partirez pas sans m'entendre !

GOURGAUD.

Jamais !

Ni ce soir, ni demain, ni plus tard, je vous mets
A l'index, et si vous comptiez sur ma fortune...

HENRIETTE, vivement.

Quoi ! vous n'avez donc pas compris que c'était une
Répétition?

GOURGAUD, *étonné.*

Hein ?

DUGAZON.

Oui, oui, nous répétions !

GOURGAUD.

Çà ! vous m'avez donc pris pour un autre, voyons ?

DUGAZON.

Pour d'Hercourt : un acteur d'un mérite peu mince
Qui devait arriver aujourd'hui de province
Pour débuter ici dans l'emploi très-couru
Des ganaches.

GOURGAUD, *sans sourciller.*

Ah bah ! comment ! vous avez cru ?...
Avec complaisance.
Vous m'avez pris pour un artiste ?...

DUGAZON.

Et je me pique

De m'y connaître !

HENRIETTE.

Et moi j'ai donné la réplique
En vous voyant entrer : je me doutais si peu
Que vous fussiez monsieur Gourgaud...

GOURGAUD.

Oui, mon neveu,

Je suis Gourgaud...

DUGAZON.

Comment voulez-vous que je sache ?

Vrai, là, je vous prenais pour d'Hercourt la ganache,
Car vous avez beaucoup vieilli depuis le temps
Que je ne vous ai vu, mon pauvre oncle...

GOURGAUD, pensif.

                J'entends !...

DUGAZON.

Vous êtes si changé...

GOURGAUD, riant.

         Dame ! on ne peut pas être
Et puis avoir été...

DUGAZON.

        J'ai peine à reconnaître
Sous ces traits arrondis le profil grec si pur
De mon oncle. Est-ce vous ?... En êtes-vous bien sûr ?

GOURGAUD.

Eh ! parbleu !...

DUGAZON.

       Touchez là. L'on pouvait s'y méprendre.

HENRIETTE, à Gourgaud.

Mais vous, monsieur, au moins vous auriez dû comprendre !
Trois femmes !

GOURGAUD, riant.

      Oui, c'est clair, c'est impossible !

MADAME DUGAZON.

                 Deux
Seulement, ce serait déjà bien hasardeux !

HENRIETTE.

Passe au théâtre où tout s'invente et se suppose !

DUGAZON, riant.

Il faut être marin pour avoir cru la chose...

HENRIETTE.

Et vous avez joué le rôle au naturel !

GOURGAUD.

Vous croyez qu'un pareil personnage est réel ?..
Qu'il existe des gens assez bêtes pour croire...

MADAME DUGAZON.

Interrogez-vous bien...

GOURGAUD.

Oh ! j'ai peu de mémoire...
Mais j'en doute. Voyons, où me conduisez-vous ?

DUGAZON, enchanté.

Par ici, mon bon oncle... un instant...

Il le débarrasse de ses bagages et les donne à Florine.
Suivez-nous.

GOURGAUD, fausse sortie.

Vous me raconterez la fin de votre pièce.

HENRIETTE.

Oh ! naturellement !

GOURGAUD, même jeu.

A propos, et ma nièce
Quelle est-elle, voyons ?

HENRIETTE, montrant madame Dugazon.

C'est juste, la voici.

GOURGAUD, à madame Dugazon.

Demi-tour ! En avant !... Elle est gentille aussi !

A Henriette.

Mais vous, madame, alors ?...

MADAME DUGAZON, la présentant.

Henriette de Prie,
Artiste de talent et ma meilleure amie.

GOURGAUD.

Je suis heureux...

Il lui baise la main. — Désignant Florine.

Et vous ?

MADAME DUGAZON.

Artiste de talent
Et... ma femme de chambre.

GOURGAUD, de même.

Ah bien !

Il baise une des mains de Florine, après l'avoir débarrassée d'un de
ses bagages qu'il lui rend ensuite. — Aux autres qui rient, en
sortant :

On est galant !

SCÈNE IX

MADAME DUGAZON, HENRIETTE, DUGAZON.

HENRIETTE, pendant que Gourgaud, Florine et Dugazon
remontent la scène.

Notre explication n'est pas très-naturelle,
Mais l'oncle est par bonheur beaucoup plus simple qu'elle.

2

DUGAZON, qui après avoir reconduit son oncle jusqu'à la porte
de droite est revenu, saisissant brusquement la main de sa femme.

Çà, vas-tu maintenant me fournir à ton tour
Une explication de ton brusque retour?

HENRIETTE, intervenant.

Profitez des leçons que le hasard vous donne.
Vous savez comme à la colère on s'abandonne,
Soyez heureux d'avoir franchi ce mauvais pas,
Et si vous m'en croyez, ne vous expliquez pas.

DUGAZON.

Soit, mais je veux savoir...

MADAME DUGAZON.

Moi, je ne veux rien dire.

HENRIETTE.

Ne vous dévorez point, voyons, un bon sourire,
Un serrement de main.

Elle veut rapprocher leurs mains. Ils les retirent.

Ayez plus de raison.

DUGAZON.

Je veux savoir pourquoi madame Dugazon
A voulu revenir faire aussi sa partie
Dans ce piteux concert...

MADAME DUGAZON, avec aplomb.

Je n'étais point partie !

DUGAZON.

Tu n'étais point... Comment ! explique-toi ? comment ?

MADAME DUGAZON, désignant la gauche.

J'étais là.

DUGAZON.

Mais alors tu savais...

MADAME DUGAZON.

Oui, vraiment !

HENRIETTE.

Mes amis...

DUGAZON, continuant.

Que mon oncle...

MADAME DUGAZON.

Oui...

DUGAZON.

Que Florine...

MADAME DUGAZON.

Oui.

DUGAZON.

Qu'est-ce

A dire? tu savais...

MADAME DUGAZON.

Tout... oui, oui, oui.

DUGAZON, exaspéré.

Traîtresse !

MADAME DUGAZON.

J'avais tout entendu !

Henriette voulant retenir Dugazon.

Mon ami, par pitié !

DUGAZON.

Eh ! laissez-nous la paix avec votre amitié !

HENRIETTE.

La paix, mais justement et vous n'en prenez guère
Le chemin.

DUGAZON.

      Est-ce moi, dites, qui veux la guerre ?
Et faut-il, pour le tour pendable que voici,
A ce méchant démon dire encore merci ?
Pensez-vous que je sois un homme que l'on berne,
Un Géronte qui sous le bâton se prosterne,
Un sot, une ganache, un zéro, moins que rien ?

                              Avec force.
Me prend-on pour mon oncle ? Oui-dà, nous verrons bien.

MADAME DUGAZON, se croisant les bras.

Ah ! tu prétends venir faire et jouer des pièces
De ta façon, tu veux lui fabriquer des nièces
A ton oncle, tu veux, perfide, à mes dépens,
Remplacer ici la femme dont tu dépends,
L'invention me semble amusante et hardie !
Eh bien ! j'ajoute un rôle à cette comédie,
Je crée un personnage au plus joyeux endroit, —
Je m'en vante et j'en suis très-fière, et c'est mon droit !
Il serait curieux qu'après tes hardiesses
D'improviser chez moi deux femmes et deux nièces
Fausses, la véritable, arrivant à son tour,
N'osât pas se montrer elle-même au grand jour !

DUGAZON.

Parbleu ! c'est fort ! c'est moi maintenant qu'elle accuse,

Moi qui suis un mari coupable et sans excuse ;
Non contente de me laisser dans l'embarras,
Elle m'y plonge encor. Mon oncle est sur mes bras
Et c'est moi, moi...

MADAME DUGAZON.

                    Pourquoi m'as-tu mise à la porte
Sans raison ?

DUGAZON.

          Sans raison ! mais, le diable m'emporte,
Tu te moques de moi ! Sans raison ! j'en ai dix.
Vingt, trente, cent, mille...

MADAME DUGAZON.

                    Ah ! ah ! voyons, voyons, dis,
Dis-les...

DUGAZON, courant à la table.

     Tiens ! ô la plus fausse des hypocrites,
Tu vas voir. — Elles sont là — tout au long inscrites
Dans ma demande. — Tiens, tiens, lis, petite horreur !

MADAME DUGAZON, lisant.

« Monsieur le procureur » — monsieur le procureur
C'est tout. — Après?...

DUGAZON.

     Après!...

MADAME DUGAZON, à Henriette.

                    Voyez, ma chère, encore
Monsieur le Procureur. —

DUGAZON.

     Va, va, poursuis, pécore !

2.

MADAME DUGAZON.

C'est tout. — J'ai beau chercher... voilà tous les griefs
Que vous avez trouvés !...

HENRIETTE.

A vrai dire, ils sont brefs !

MADAME DUGAZON.

Je doute qu'en lisant ces raisons écrasantes,
Monsieur le procureur les juge suffisantes.

DUGAZON, un peu décontenancé, comme à lui-même.

Pendant que j'écrivais, je fus interrompu,
C'est vrai. — Je me souviens — mais si je n'ai rien pu
Mettre sur cet écrit, ne chante pas victoire, —
Tu verras que j'ai tout gardé dans ma mémoire !

MADAME DUGAZON.

La mienne est bonne aussi !

HENRIETTE.

Vous allez donc plaider !
Vous quitter ! Rien ne peut vous en dissuader,
Mais vous ne le ferez que dans huit jours, je pense,
Quand votre oncle sera parti. — C'est lui ! Silence !

SCÈNE X

Les Mêmes, GOURGAUD.

HENRIETTE, à Dugazon.

Priez-la de rester — sinon — deshérité !

DUGAZON.

La prier?... J'aime mieux dire la vérité.

HENRIETTE.

Non. — Pas devant votre oncle!

GOURGAUD.

                   · Eh! si ! — ça m'intéresse,
Allez donc toujours -- C'est la fin de cette pièce
Que vous vous exerciez à répéter tantôt,
J'ai bien compris. parbleu! je ne suis pas un sot !

                                 Il s'assied à gauche.

SCÈNE XI

LES MÊMES, FLORINE.

FLORINE.

Voici ce qu'on apporte à l'instant pour madame
Et voilà pour monsieur.

DUGAZON.

          Deux lettres.

                         Il ouvre et lit.
« J'apprends que tu te sépares de ta femme... »

MADAME DUGAZON, même jeu.

« Il paraît que votre mari vous abandonne... »

DUGAZON.

« Tu peux disposer de mon épée contre *son amant...* »

MADAME DUGAZON.

« L'ingrat ose donc vous trahir pour *une maîtresse.* »

DUGAZON.

                              Sur mon âme
C'est faux !

MADAME DUGAZON.

Ce n'est pas vrai ! —

DUGAZON.
                    C'est une insulte !

MADAME DUGAZON.

                              Il ment. —

DUGAZON.
Non, — ma femme n'a pas, n'a jamais eu d'amant.

MADAME DUGAZON.
Mon mari m'est fidèle et n'a pas de maîtresse.

DUGAZON.
Voyez ce qu'on m'écrit. —

MADAME DUGAZON.
                    Lisez ce qu'on m'adresse.
                         Ils échangent leurs lettres.

DUGAZON.
Le fat !

MADAME DUGAZON.

L'impertinent !

DUGAZON.
                    Je m'en vais de ce pas
Apprendre à ces deux sots que je...

HENRIETTE.

                         Vous n'irez pas !

DUGAZON.

Quoi! vous voulez que sans colère je supporte
L'injure...

HENRIETTE.

Vous mettez votre femme à la porte,
On ne peut s'expliquer un procédé si vif
Qu'en vous croyant guidé par un puissant motif.
Or, quel motif puissant, si la femme est fidèle,
Peut forcer un mari de se séparer d'elle, —
Le monde n'en suppose aucun en pareil cas, —
Et loin d'être le fait de gens indélicats,
Je vous le dis tout net, malgré votre algarade
L'offre que l'on vous fait est d'un bon camarade!

GOURGAUD, applaudissant.

Bravo!

DUGAZON.

Vous plaisantez!

MADAME DUGAZON.

Je le crois!

DUGAZON.

C'est parfait
Vraiment faut-il aussi me montrer satisfait?
Lisez les derniers mots de ce billet, madame,
Des douceurs que ce fat vient conter à ma femme
Faut-il lui savoir gré, loin de m'en courroucer,
De ce qu'il veuille bien ici me remplacer!

HENRIETTE.

Sans être fort touché de tant de complaisance,
Vous n'avez pas le droit de punir une offense

A laquelle, mon cher, doivent se préparer
Deux époux maladroits près de se séparer !
Puisque vos intérêts exigent le contraire,
A vos devoirs communs n'allez pas vous soustraire
Et, de gaîté de cœur, sans un motif vraiment
Sérieux, par caprice et par entêtement,
Perdre d'un même coup, ô sottise profonde !
Et l'argent de votre oncle et l'estime du monde.

GOURGARD.

Très-bien ! Elle me plaît cette petite-là. —
L'oncle, c'est la ganache, — oui — j'y suis — c'est cela !

HENRIETTE.

C'est vous qui les premiers provoquez ces alarmes,
Et le monde vous blesse avec les propres armes
Que vous lui fournissez vous-même contre vous !

DUGAZON.

C'est vrai !

MADAME DUUAZON.

C'est vrai !

HENRIETTE.

Soyez plus sages, jeunes fous.

GOURGAUD, avec enthousiasme.

Sublime !

HENRIETTE.

Voulez-vous, ô couple sans excuse,
Justifier le bruit menteur qui vous accuse
A Dugazon.
D'avoir une maîtresse ?
A sa femme.
Et d'avoir un amant ?

DUGAZON, à sa femme.

Ma foi, tu te vantais assez gaillardement
Ce matin, de pouvoir sans te donner grand'peine,
Attirer près de toi les amants par douzaine.

GOURGAUD, se voilant la face.

Oh !

MADAME DUGAZON.

J'avais tort — c'est vrai — mais ne cherchais-tu point
Toi-même à m'échauffer la bile sur ce point
Par ton brusque langage et ta sotte menace
De me faire sortir ou de quitter la place?

DUGAZON.

J'en conviens franchement avec toi : j'avais tort !

GOURGAUD.

Ah ! ce sont deux époux qui n'étaient pas d'accord :
Je crois qu'enfin je viens de comprendre le drame,
Mais, pardon d'en avoir interrompu la trame —
Poursuivez : vous parlez tous trois éloquemment —
Je ne sais pas un seul mot du commencement
De cette pièce-là, mais c'est égal, l'idée
Est gentille.

HENRIETTE, à madame Dugazon.

Lucile, êtes-vous décidée
A lui garder rancune — et vous, vous Dugazon?...

DUGAZON, vivement.

Vous voulez dire : « Eraste... »

HENRIETTE.

Oui, vous avez raison,
Je me trompe, je prends votre vrai nom pour l'autre.

Eh bien donc, quel dessein, cher Eraste, est le vôtre?
Oubliez-vous la fin du *Dépit Amoureux*?
Allons, vite, à genoux, le texte est rigoureux.

DUGAZON, à genoux devant sa femme et déclamant.

« Consentez-y, madame, une flamme si belle
Doit, pour votre intérêt, demeurer immortelle.
Je le demande enfin, me l'accorderez-vous
Ce pardon obligeant?...

MADAME DUGAZON.

Ramenez-moi chez nous! »
Ils saluent le public. — Gourgaud applaudit.

Rideau.

FIN

Imprimerie générale de Châtillon-sur-Seine, Jeanne Robert.